EL SANTO ROSARIO

de la *Santísima Virgen María*

*Recuerdo del 100 aniversario
de las Aparaciones en Fátima
1917 - 2017*

La Santísima Virgen ha dado una nueva eficacia a la recitación del Santo Rosario en estos últimos tiempos que ahora vivimos. Ella ha dado esta eficacia de tal modo que no hay problema alguno, no importando que tan difícil sea, ya si sea temporal o sobre todo, espiritual, en la vida personal de cada uno de nosotros, de nuestras familias, de las familias del mundo, o de las comunidades religiosas, o aun de las vidas de las personas y de las naciones, que no pueda ser resuelto por el Rosario. No hay problema alguno, le digo, no importando que tan difícil sea, que no sea resuelto por la oración del Santo Rosario.

Hermana Lucia dos Santos

3

EL SANTO ROSARIO

El Santo Rosario es quizás la oración no litúrgica más popular en el Rito Latino. Ha atraído a personas de todos los estados en la Iglesia, ricos o pobres, educados o sin educación, religiosos o seglares, santos y pecadores. Ha sido recomendado por los Papas recientes especialmente desde León XIII a Juan Pablo II, papas muy devotos del rosario, y por grandes santos, como San Pedro Canisio, San Luis María de Montfort, San Alfonso Ma. de Ligorio y San Maximiliano Ma. Kolbe. Aparte de sus beneficios espirituales, su atractivo reside, sin duda, en su facilidad de recitación, su relajante repetitividad y su conexión íntima con las Sagradas Escrituras y la vida de Cristo.

El Rosario más popular, con el que la mayoría de la gente está familiarizada, se conoce como el *Rosario Dominico.* Se compone de 15 decenas divididas en tres series de 5 décadas cada una. Este no es de ninguna manera el único Rosario. Hay muchos otros rosarios o coronillas, como el rosario franciscano, el rosario de los siete dolores y el rosario de santa Brígida entre otros. Cada uno tiene su propia forma. Por ejemplo, el Rosario Franciscano está compuesto por siete decenas en honor a los Siete Gozos de la Santísima Virgen María. Además, los rosarios no se limitan a las devociones a la Santísima Virgen María. Hay rosarios en honor al Sagrado Corazón, al Santo Nombre, al Espíritu Santo, a los Ángeles, a San José, a San Patricio ya muchos otros santos. El que aquí se considera es el rosario dominico o Rosario de la Santísima Virgen María.

Los orígenes del Rosario dominicano son oscuros. Existe una tradición popular que el Rosario se originó con Santo Domingo de Guzmán (c 1170-1221). Esta leyenda, sin embargo, no es compatible con la documentación histórica. La erudición crítica, que incluye mucha investigación llevada a cabo por los mismos dominicanos, indica que Santo Domingo tuvo poco o nada que ver con el Rosario como se conoce hoy. Santo Domingo ciertamente tuvo una devoción profunda y firme por la Santísima Virgen María, pero no se menciona su autoría del Rosario en ninguno de sus escritos, ni ninguno de sus contemporáneos o sus biógrafos mencionan su participación. Dado el silencio del registro histórico de su tiempo, es difícil ver cómo Santo Domingo pudo haber sido su autor. En cambio el origen de la leyenda de Santo Domingo parece se debe a los escritos del Beato Alan de la Roche (1428-1475). Es en su obra vemos aparecer por primera vez la leyenda de la autoría del Rosario de Santo Domingo. Alan de la Roche hizo mucho por promover el Rosario, y no cabe duda de que la noción de Santo Domingo como autor del Rosario se fijó en la mente de las personas por el hecho de que los dominicos fomentaron esta piadosa devoción. Con el tiempo, lo que originalmente era una leyenda devota se convirtió en historia.

Las cuentas de oración en sí mismas son de un uso muy antiguo en la Iglesia, probablemente se originaron con los monjes de la iglesia primitiva. Los monjes del desierto tenían la costumbre de recitar un número específico de oraciones diariamente y tal método de seguimiento es natural. En la vida del abad egipcio San Pablo el ermitaño (año 341), leemos que solía recolectar trescientos piedrecitas cada día y tirar cada uno al terminar la oración correspondiente que estaba acostumbrado a recitar. Es fácil ver cómo se puede comenzar con piedras y termibar en una cadena de cuentas de algún tipo.

La forma de oración más antigua conocida asociada con las cuentas de oración no fue el Ave María. Si bien el Ave María se había usado desde la antigüedad como una antífona para nuestra Señora, en realidad no se usaba como una forma de oración en sí misma hasta algún momento alrededor de los siglos 12 o 13, ni tomó su forma actual hasta el 15 siglo. En cambio, la oración más frecuentemente asociada con estas primeras cuentas de oración en la Edad Media fue el Padre Nuestro. Las cuentas tenían una asociación tan estrecha con el Padre Nuestro que se las conocía comúnmente como cuentas de *Paternoster*. Muchas costumbres piadosas de recitar Paternosters existieron en la Edad Media. Por ejemplo, se instó a los monjes benedictinos de Cluny a recitar 50 Paternosters a la muerte de uno de sus compañeros monjes (Udalric, 1096).

El Rosario dominicano, tal como lo conocemos hoy, surgió de una combinación de muchos factores, cuya historia completa sería demasiado larga para presentar aquí. Brevemente, los orígenes básicos del Rosario se encuentran en la práctica monástica de recitar los 150 Salmos en una semana. En el deseo de dar a los laicos una forma común de oración que tuviera vínculos con la comunidad monástica, se alentó a los laicos a recitar 150 Paternosters en imitación. Paralelamente a esta práctica estaban los que tenían una devoción mariana. En su lugar, utilizaron el saludo angelical (la línea de apertura del Ave María). Estas oraciones se agruparon en grupos de 50, 100 o 150 Aves, al igual que los salmos.

Los religiosos y laicos recitaron numerosas formas de estas devociones del Ave a lo largo de los siglos, algunas muy largas y elaboradas. Su biógrafo contemporáneo nos dice a San Alberto (fallecido en 1140) que "cien veces al día dobla las rodillas y se postró cincuenta veces para levantarse del cuerpo con los dedos de las manos y los pies, mientras que repitió en cada genuflexión. : "Dios te salve, María, llena eres de gracia, el Señor es contigo, bendita eres entre todas las mujeres y bendito es el fruto de tu vientre". Un conjunto de 150 cortos Salmos marianos con un Ave María intermedio aparece en la colección de Migne de las obras de San Anselmo (ca 1033-1109). Cabe señalar que con esto podemos concluir que la recitación de 50, 100 o 150 Aves en realidad precedió al buen Santo Domingo por al menos 50 años, si no más. Otro ejemplo se puede encontrar en el Hortulus Animae, un libro de oraciones popular cuya primera edición conocida fue impresa en Estrasburgo por William Schaffener de Rappeltsweiler en 1498. En ella vemos un conjunto de 50 Aves agrupados en 5 décadas. Después de cada década, se recitan el Padre Nuestro y el Credo. Cada avenida está asociada con un evento en la vida de Cristo, que comienza con su concepción y culmina con su resurrección y el día del juicio, lo que hace un total de 50 misterios. Esta forma del rosario fue bastante popular en los siglos XIV-XVI y se puede decir que es un ejemplo temprano de rosarios bíblicos, donde cada Ave María tiene un pasaje bíblico relacionado con el misterio de la década asociado a él. En ella vemos un conjunto de 50 Aves agrupados en 5 décadas. Después de cada década, se recitan el Padre Nuestro y el Credo. Cada avenida está asociada con un evento en la vida de Cristo, que comienza con su concepción y culmina con su resurrección y el día del juicio, lo que hace un total de 50 misterios. Esta forma del rosario fue bastante popular en los siglos XIV-XVI y se puede decir que es un ejemplo temprano de rosarios bíblicos, donde cada Ave María tiene un pasaje bíblico relacionado con el misterio de la década asociado a él. En ella vemos un conjunto de 50 Aves agrupados en 5 décadas. Después de cada década, se recitan el Padre Nuestro y el Credo. Cada avenida está asociada con un evento en la vida de Cristo, que comienza con su concepción y culmina con su resurrección y el día del juicio, lo que hace un total de 50 misterios. Esta forma del rosario fue bastante popular en los siglos XIV-XVI y se puede decir que es un ejemplo temprano de rosarios bíblicos, donde cada Ave María tiene un pasaje bíblico relacionado con el misterio de la década asociado a él.

El Rosario, tal como lo conocemos hoy, comenzó a tomar su forma final en el siglo XV. En 1483, un dominicano compuso un folleto del rosario llamado El salterio de Nuestra querida señora. Tuvo un rosario de 15 décadas con 15 misterios, todos los cuales, excepto los dos últimos, son los que tenemos hoy. En 1569, el Papa Pío V aprobó oficialmente la forma del Rosario que tenemos hoy en 15 décadas, y en 1573 el mismo Papa instituyó la Fiesta del Rosario en acción de gracias por la victoria en la batalla de Lepanto por los cristianos sobre los invasores musulmanes en los cuales el Rosario Jugó un papel importante.

Cabe señalar que si bien las décadas y los misterios se han estandarizado desde la época del Papa San Pío V, las oraciones iniciales y finales varían con el tiempo y el lugar. En los Estados Unidos, por ejemplo, el Rosario comienza con la recitación del Credo y termina con el Salve Regina y la oración final (Deus, cuius Unigenitus). Otra forma, como se practica en Roma, comienza con el "Domine, labia mea aperies", que es la oración inicial de las Horas, omite el Credo y termina con la letanía de Loreto. Varias otras oraciones, como el Sub tuum praesidium también han sido empleadas. Las oraciones más frecuentemente asociadas con el Rosario han sido incluidas aquí.

El desarrollo más reciente en forma de Rosario ocurrió con la publicación del Rosario Virginis Mariae del Papa Juan Pablo II. En él, el Santo Padre ha agregado un nuevo conjunto de misterios, los Misterios Luminosos, que se centran en el ministerio público de Cristo desde el momento de Su Bautismo hasta Su Pasión. Tradicionalmente, los misterios alegres se recitan los lunes y jueves, los misterios dolorosos se recitan los martes y viernes, y los misterios gloriosos se recitan los miércoles, sábados y domingos. Con la adición de los Misterios Luminosos, el Papa Juan Pablo II propone que los misterios Gozosos se reciten los lunes y sábados, los Misterios Luminosos se reciten los jueves, los misterios

Dolorosos se recitan los martes y viernes, y los Misterios Gloriosos se recitan los miércoles y los domingos.

LA SEÑAL DE LA SANTA CRUZ

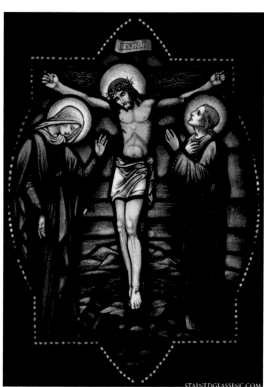

La Señal de la Cruz no es solo una acción, sino una declaración de fe en sí misma. En este simple gesto, uno no solo está haciendo una señal de nuestra redención, la Cruz, sino que también está expresando fe en la Santísima Trinidad. Fue con esta simple acción que los fieles de la Iglesia primitiva se fortalecieron a pesar de los tiempos difíciles. Tertuliano, que escribió en el siglo III, nos dice que los cristianos hicieron la Señal de la Cruz al levantarse, mientras se vestían, al entrar o salir de sus casas, al ir al baño, al sentarse en la mesa, al encender sus lámparas. De hecho, al principio de cada acción. San Agustín nos dice que "Es por la señal de la Cruz que el Cuerpo del Señor está consagrado, que las fuentes bautismales están santificadas, que los sacerdotes y otros rangos de la Iglesia son admitidos a sus respectivas órdenes,

El Signo de la Cruz original fue probablemente una "mini cruz" hecha al trazar una cruz en la frente, los labios o el pecho con el pulgar, muy similar a la costumbre de hacerlo antes de leer el Evangelio. Es difícil determinar exactamente cuándo surgió la costumbre actual de bendecirse con una gran cruz que va de la frente al pecho y luego del hombro al hombro. Los registros históricos en este sentido están abiertos a múltiples interpretaciones y los historiadores de la Iglesia tienen puntos de vista divergentes sobre el tema. Es de esperar que el registro escrito no sea claro sobre el tema, ya que tal costumbre probablemente se enseñaría con el ejemplo que con la instrucción escrita. Es probable que esta gran cruz haya sido utilizada por primera vez en bendiciones formales por parte del clero, que comenzó en algún momento durante la controversia arriana del siglo IV y luego fue adoptada por los laicos.

Como lo señalaron varios autores medievales, este gran Signo de la Cruz es rico en simbolismo. Cuando Cristo vino a redimir al mundo, descendió del Padre, nació de la Virgen María, murió, fue sepultado y descendió a los muertos. Luego se levantó de entre los muertos y ascendió al cielo, donde se sienta a la diestra del Padre. Así, al hacer la Señal de la Cruz, uno usa la mano derecha, que simboliza a Cristo que está sentado a la mano derecha del Padre. Comenzando en la frente, que simboliza al Padre, el Creador y la fuente de todas las cosas, uno desciende a la parte inferior del pecho. Esto simboliza la Encarnación, porque Cristo bajó del cielo del Padre y se hizo carne en el vientre de la Virgen María a través del poder del Espíritu Santo.

En el Oeste, uno procede del hombro izquierdo al derecho para terminar la Señal de la Cruz. La izquierda en este caso generalmente se asocia con la muerte y la oscuridad, mientras que la derecha simboliza la verdad y la luz. Así, la acción representa la transición de la miseria a la gloria, de la muerte a la vida y del infierno al paraíso. Cuando Cristo pasó de la muerte a la vida y se sienta a la diestra del Padre (de izquierda a derecha), también podemos pasar de la muerte a la vida en Cristo a través de la santificación del Espíritu Santo. En las tradiciones cristianas orientales, se toma la dirección opuesta. Uno procede de derecha a izquierda, por lo que el simbolismo es algo diferente.

Se concede una indulgencia parcial a los fieles que hacen con devoción un signo de la cruz.

"Id, pues, y haced discípulos de todas las naciones, bautizándolos en el nombre del Padre, y del Hijo y del Espíritu Santo". (Mateo 28:19).

EL CREDO:
SIMBOLO DE LOS APÓSTOLES

Si bien la forma actual del Credo de los Apóstoles apareció por primera vez en el siglo VI en los escritos de Caesarius de Arles (d 542), se puede rastrear en una forma u otra hasta los tiempos apostólicos. El Comentario de Rufinus sobre el Credo del Apóstol (ca 407) contiene la oración en una forma muy similar a la que tenemos hoy.

El Credo también se puede encontrar en una carta al Papa Julio I (340 dC) e incluso antes en un documento de alrededor de 200 que contiene la liturgia del bautismo romano. Parece que originalmente este Credo era un credo bautismal que resumía las enseñanzas de los Apóstoles y se entregó a los catecúmenos cuando se bautizaron. En lugar de la oración continua como la tenemos hoy, cada línea fue más bien en forma de una pregunta a la que el catecúmeno dio su consentimiento, lo que indica que él entendió y creyó.

Esta forma es similar a la que se encuentra en la Liturgia de Pascua para la renovación de las promesas bautismales. Eventualmente, este estilo de preguntas y respuestas se modificó en la forma de oración como lo tenemos hoy. Se concede una indulgencia parcial a los fieles que recitan el Symbolum Apostolorum.

PADRE NUESTRO:
LA ORACIÓN DEL SEÑOR

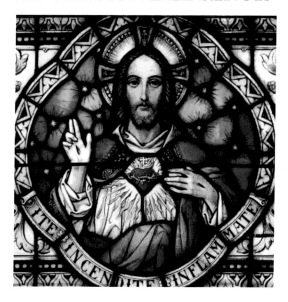

 Esta oración nos fue dada por nuestro mismo Señor Jesucristo cuando los apóstoles le pidieron que les enseñara a orar (Mt 6: 9-13) y, por lo tanto, la oración ha sido parte de la Iglesia desde el principio. La Didaché (siglo I-2) elogia la oración que deben recitar los fieles tres veces durante el día. En la última parte del siglo IV se convirtió en parte oficial de la misa y se recitó después de la ruptura del pan. Más tarde, el Papa San Gregorio Magno, influenciado por San Agustín, lo trasladó justo antes de partir el pan donde ha estado desde entonces. Hoy en día, la tradición de Didache de recitar la oración tres veces al día continúa en la Iglesia con la Oración del Señor recitada en la misa y luego dos veces más durante la Liturgia de las Horas, en Laudes y Vísperas.

 Antes de la Reforma Protestante, el Padre Nuestro fue recitado universalmente en latín en Occidente por clérigos y laicos por igual. La traducción al inglés más curiosa que tenemos hoy se debe a los esfuerzos de Enrique VIII para imponer una versión estándar en inglés en todo su reino. Los católicos, que no querían ser demasiado conspicuos en un lugar muy hostil a la Iglesia Católica en ese momento, adoptaron la traducción para permanecer discretos.

AVE MARÍA:
LA SALUTACIÓN ANGÉLICA

El Ave María es quizás la más popular de todas las oraciones marianas. Está compuesto de dos partes distintas, una parte de las Escrituras y una parte de intercesión. La primera parte, la parte de las Escrituras, está tomada del Evangelio de San Lucas y une las palabras del Ángel Gabriel en la Anunciación (Lucas 1:28) junto con el saludo de Isabel a María en la visita (Lucas 1:42). . La unión de estos dos pasajes se puede encontrar ya en el siglo quinto, y quizás incluso en el cuarto, en las liturgias orientales de Santiago de Antioquía y San Marcos de Alejandría. También se registra en el ritual de San Severo (538 dC). En el oeste estaba en uso en Roma en el siglo séptimo, ya que se prescribe como antífona de ofrenda para la fiesta de la Anunciación. La gran popularidad de la frase en el siglo XI está atestiguada en los escritos de San. Peter Damian (1007-1072) y Hermann de Tournai (dc 1147). Más tarde, probablemente por el Papa Urbano IV alrededor del año 1262, se insertó el nombre de Jesús al final de los dos pasajes.

La segunda mitad de la oración (Santa María ..) se remonta al siglo XV, donde se encuentran dos finales. Un final, Sancta Maria, Mater Dei, ora pro nobis peccatoribus, se encuentra en los escritos de San Bernardo de Siena (1380-1444 dC) y los cartujos. Un segundo final, Sancta Maria, Mater Dei, ora pro nobis nunc et in hora mortis nostrae, se puede encontrar en los escritos de los Servites, en un Breviario Romano y en algunas Diócesis Alemanas. La forma actual de la oración se convirtió en la forma estándar en algún momento del siglo XVI y se incluyó en el Breviario reformado promulgado por el Papa San Pío V en 1568.

LA DOXOLOGÍA MENOR

Una breve expresión de alabanza a la Trinidad desde la Iglesia primitiva. Autores como Hipólito (d. 235) y Orígenes (ca 231) usan frases muy similares en alabanza de la Trinidad. La forma se fijó a lo que tenemos hoy en la época de las controversias arrianas del siglo IV. Se usa ampliamente en la misa, el oficio divino y también muchas otras devociones como el rosario.

"SALVE REGINA"

Se han propuesto numerosos autores para lo que se dice que es la antífona mariana más popular; San Bernardo de Clairvaux, Adhemar de Monteil, Obispo de Le Puy (ca 1080 AD), y Pedro de Compostela (930 AD). Herman Contractus, quien escribió varias piezas bien conocidas de Marian, es el autor favorecido por la beca actual. Existe una historia interesante que describe sus últimas tres invocaciones. Las Crónicas de las agujas nos dicen que las tres últimas invocaciones fueron agregadas por San Bernardo (1091-1153). El himno, por lo que dice la historia, terminó originalmente con la palabra ostende. Sin embargo, cuando San Bernardo era el legado papal en Alemania, escuchó el himno que se cantaba en la Iglesia de las Agujas, se lanzó sobre sus rodillas y con un ataque de súbita inspiración resonó con las siguientes palabras: Oh clemens, O pia, O dulcis virgo maria. Estas tres invocaciones se han repetido desde entonces y cuatro piedras en la Iglesia marcan el lugar donde el santo doctor se arrodilló. Desafortunadamente para la historia, las líneas aparecen en los primeros manuscritos antes de que se suponga que este evento tuvo lugar.

Lo que sí sabemos con certeza es que la Salve Regina se usó como canto procesional en Cluny en 1135. Alrededor de 1218 los cistercienses lo adoptaron como canto procesional diario y en 1251 como un final para Compline. Tanto los dominicanos como los franciscanos también lo adoptaron alrededor de este mismo tiempo y los carmelitas lo usaron por un tiempo en lugar del último Evangelio en la misa. Gregorio IX (1227-1241) ordenó que se cantara después de Compline los viernes. Desde el siglo XIV hasta hoy, ha sido parte de Compline para el Rito Latino. Tradicionalmente, esta antífona se recita en Compline desde el Domingo de la Trinidad hasta el Adviento.

Se dice que este himno es el favorito de nuestra Señora por el testimonio de quienes, según se informa, la han visto en visiones. Una cuenta concerniente a este reclamo se relaciona con una visión que tuvo Santo Domingo. Estaba entrando en un pasillo del monasterio para reanudar su vigilia de oración de medianoche, cuando por casualidad levantó los ojos y vio a tres hermosas damas que se le acercaban. Se arrodilló ante la dama principal y ella lo bendijo. A pesar de que Santo Domingo la reconoció, él le rogó que le dijera su nombre. La señora respondió: "Soy ella a quien invocas todas las noches: y cuando dices, << Eia ergo, advocata nostra. >> Me postro ante mi Hijo, suplicándole que proteja esta Orden". (De la vida de Santo Domingo, Lacordaire).

Muchos escritores han elogiado este himno. San Alfonso comenta ampliamente sobre Salve Regina en sus Glorias de María, y el Padre Taunton escribe: "Su fragancia perdura sobre nuestra alma cuando, al final de un largo día, o al final de cualquier hora, colocamos nuestras oraciones en Las manos de María, para que ella, la pura y gloriosa, pueda ofrecerlas con todo el poder del amor de una Madre a su Dios, a ese Hijo, el fruto bendito de su vientre. Nuestras oraciones que lleguen a ella serán doblemente aceptables para ella. Hijo, y seremos escuchados cuanto antes por la reverencia que Él tiene por su Madre ". También se ha registrado que el Salve Regina fue recitado por los hombres de Colón la tarde antes de que avistaran el Nuevo Mundo a la mañana siguiente.

Hoy, esta oración es una de las últimas Antífonas Marianas que concluyen Completa en el Oficio Divino y también se usa junto con el Rosario. Se concede una indulgencia parcial a los fieles que recitan con devoción esta oración. La colección tradicional, que no es parte de la oración propiamente dicha, se da a continuación.

ORACIONES DEL ROSARIO

Signación con la cruz

Por la señal de la santa cruz +
de nuestros enemigos +
líbranos, Señor, Dios nuestro +
En el nombre del Padre y del Hijo y del Espíritu Santo +
Amén.

Credo o Símbolo de los apóstoles

Creo en Dios, Padre Todopoderoso,
Creador del cielo y de la tierra.
Creo en Jesucristo su único Hijo Nuestro Señor,
que fue concebido por obra y gracia del Espíritu Santo.
Nació de Santa María Virgen,
padeció bajo el poder de Poncio Pilato,
fue crucificado, muerto y sepultado, descendió a los infiernos,
al tercer día resucitó de entre los muertos,
subió a los cielos y está sentado a la derecha de Dios Padre,
todopoderoso.
Desde allí va a venir a juzgar a vivos y muertos.
Creo en el Espíritu Santo, la Santa Iglesia católica
la comunión de los santos, el perdón de los pecados,
la resurrección de la carne y la vida eterna. Amén

Oración del Señor

Padre nuestro, que estás en los cielos,
santificado sea tu nombre;
venga a nosotros tu reino;
hágase tu voluntad
así en la Tierra como en el cielo.
El pan nuestro de cada día dánosle hoy;
y perdónanos nuestras deudas

así como nosotros perdonamos a nuestros deudores;
no nos dejes caer en la tentación,
mas líbranos del mal

Ave María

Dios te salve María
llena eres de gracia
el Señor es contigo;
bendita tú eres
entre las mujeres,
y bendito es el fruto
de tu vientre, Jesús.
Santa María, Madre de Dios,
ruega por nosotros, pecadores,
ahora y en la ahora
de nuestra muerte. Amén

Doxología

Gloria al Padre, y al Hijo, y al Espíritu Santo.
Como era en el principio, ahora y siempre,
por los siglos de los siglos. Amén.

Jaculatoria

María, madre de gracia
madre de misericordia,
en la vida y en la muerte
amparanos, gran Señora.

Oración de Fátima

Oh Jesús mío
perdona nuestro pecados,
líbranos del fuego del infierno,
lleva a todas las almas al cielo,
especialmente las mas necesitadas
de tu infinita misericordia

V. ¡Oh Soberano santuario, sagrario del Verbo eterno!
R. Libra, Virgen, del infierno, a quienes rezan tu Rosario
V. Emperatriz, poderosa, de los mortales consuelo.
R. Ábrenos, Virgen, el cielo, con una muerte dichosa.

En las tres últimas cuentas:

Dios te salve, María Santísima,
Hija de Dios Padre,
Virgen purísima antes del parto,
en tus manos ponemos
nuestra fe para que la ilumines,
llena eres de gracia...

Dios te salve, María Santísima,
Madre de Dios Hijo,
Virgen purísima en el parto.
en tus manos ponemos
nuestra esperanza para que la alientes,
llena de gracia...

Dios te salve, María Santísima,
Esposa de Dios Espíritu Santo.
Virgen purísima después del parto,
en tus manos ponemos
nuestra caridad para que la inflames,
nuestras almas para que las salves,
nuestros dones y carismas para que los perfecciones
y todas nuestras necesidades para que las remedies,
llena eres de gracia ... etc.

Dios te salve, María Santísima,
Templo, Trono y Sagrario
de la Santísima Trinidad,
Virgen concebida sin mancha del pecado original:

Oraciones al final del rosario:

Salve Regina

Dios te salve, Reina y Madre de misericordia,
vida, dulzura y esperanza nuestra.
Dios te salve.
A Tí clamamos los desterrados hijos de Eva,
a Tí suspiramos, gimiendo y llorando en este valle de lágrimas.
Ea, pues, Señora Abogada Nuestra,
vuelve a nosotros tus ojos misericordiosos,
y después de este destierro, muéstranos a Jesús,
fruto bendito de tu vientre.
Oh, clemente, oh piadosa, oh dulce Virgen María.
Ruega por nosotros, Santa Madre de Dios,
para que seamos dignos de alcanzar
las promesas de Nuestro Señor Jesucristo. Amén.

Oración a San José prescrita por León XIII

A vos recurrimos en nuestra tribulación, bienaventurado José, y después de haber implorado el auxilio de vuestra santísima Esposa, solicitamos también confiadamente vuestro patrocinio. Por el afecto que os unió a la Virgen Inmaculada, Madre de Dios; por el amor paternal que profesasteis al Niño Jesús, os suplicamos que volváis benigno los ojos a la herencia que Jesucristo conquistó con su Sangre, y que nos socorráis con vuestro poder en nuestras necesidades.

Proteged, prudentísimo Custodio de la Divina Familia, el linaje escogido de Jesucristo. Preservadnos, Padre amantísimo, de todo contagio de error y corrupción. Sednos propicio y asistidnos desde el cielo, poderosísimo protector nuestro, en el combate que al presente libramos contra el poder de las tinieblas. Y del mismo modo que, en otra ocasión, librasteis del peligro de la muerte al Niño Jesús, defended ahora a la Santa Iglesia de Dios contra las asechanzas de sus enemigos y contra toda adversidad. Amparad a cada uno de nosotros con vuestro perpetuo patrocinio a fin de que, siguiendo vuestros ejemplos, y sostenidos por vuestros auxilios, podamos vivir santamente, morir piadosamente y obtener la felicidad eterna del cielo. Amén.

Señor, ten piedad	*Señor, ten piedad*
Cristo, ten piedad	*Cristo, ten piedad*
Señor, ten piedad	*Señor, ten piedad*

Dios Padre celestial. *Ten piedad de nosotros*
Dios Hijo redentor del mundo. *Ten piedad de nosotros*
Dios Espíritu Santo. *Ten piedad de nosotros*
Santísima Trinidad que eres un solo Dios. *Ten piedad de nosotros*
Santa María *Ruega por nosotros*
Santa Madre de Dios
Santa Virgen de las vírgenes
Madre de Jesucristo
Madre de la divina gracia
Madre purísima
Madre castísima
Madre virgen
Madre incorrupta
Madre inmaculada
Madre amable
Madre admirable
Madre del buen consejo
Madre del Creador
Madre del Salvador
Virgen prudentísima
Virgen venerable
Virgen laudable
Virgen poderosa
Virgen misericordiosa
Virgen fiel
Espejo de justicia
Trono de la eterna sabiduría
Causa de nuestra alegría
Vaso espiritual de elección
Vaso precioso de la gracia
Vaso de verdadera devoción
Rosa mística
Torre de David
Torre de marfil
Casa de oro
Arca de la Alianza

Puerta del cielo
Estrella de la mañana
Salud de los enfermos
Refugio de los pecadores
Consuelo de los afligidos
Auxilio de los cristianos
Reina de los ángeles
Reina de los patriarcas
Reina de los profetas
Reina de los apóstoles
Reina de los mártires
Reina de los confesores
Reina de las vírgenes
Reina de todos los santos
Reina concebida sin la culpa original
Reina elevada al cielo
Reina del Santísimo Rosario
Reina de la paz

Cordero de Dios que quitas los pecados del mundo:
Perdónanos Señor
Cordero de Dios que quitas los pecados del mundo:
Óyenos Señor
Cordero de Dios que quitas los pecados del mundo:
Ten piedad y misericordia de nosotros

Sub tuum praesidium

Bajo tu amparo nos acogemos,
Santa Madre de Dios,
no desprecies las oraciones
que te dirigimos en nuestras necesidades,
antes bien líbranos de todo peligro,
oh Virgen gloriosa y bendita.

C redo in unum Deum,
Patrem omnipoténtem,
factórem caeli et terrae,
visibílium óminum et invisíbilium.
Et in unum Dóminum Iesum Chrustum
Filium Dei unigénitum.
Et ex Patre natum ante ómnia saécula.
Deum de Deo, lumen de lúmine,
Deum verum de Deo vero.
Géntium, non factum, consubtantialem Patri:
per quem ómnia facta sunt.
Qui propter nos hómines
et propter nostram salútem descéndit de caelis
Et incarnatus est de Spíritu Sancto
ex María Vírgine et homo factus est.
Crucifixus étiam pro nobis:
sub Póntio Piláto passus et sepúltus est.
Et resurréxit tértia die, secúndum scripturas.
Et ascédit in caelum: sedet ad déxtram Patris.
Et íterum ventúrus est cum glória
inducáre vivos et mortuos:
cuius regni non erit finis.
Et in Spíritum Sanctum,
Dóminum et vivificántem:
qui ex Patre et Filióque prócedit.
Qui cum Patre et Filio
simul adorátur et conglorificátur;
qui locútus est per Prophétas.
Et unam sanctam catholicam
et apostólicam Ecclésiam.
Confíteor unum baptisma
in remissiónem peccatórum.
Et exspécto resurrectiónem mortuórum.
Et venturi saéculi. Amén

P ater Noster, qui es in caelis,
sanctificétur nomen Tuum,
adveniat Regnum Tuum,
fiat volúntas tua,
sicut in caelo et in terra.
Panem nostrum cotidiánum
da nobis hódie,
et dimitte nobis débita nostra,
sicut et nos dimittímus
debitóribus nostris;
et ne nos indúcas in tentationem,
sed libera nos a malo.

P er signum Crucis
de inimicis nostris
libera nos, Deus noster.
In nomine Patris,
et Filii,
et Spiritus Sancti. Amen.

Ad finem decadum:

G loria Patri, et Fili, et Spiritui Sancto.
Sicut erat in principio, et nunc et semper,
et in saeccula saeculorum. Amen.

Ad grana minora: Ave María

A ve María,
gratia plena,
Dominus tecum,
benedicta tu in muliéribus,
et benedictus fructus ventris tui Iesus.
Sancta Maria, Mater Dei,
ora pro nobis peccatoribus,
nunc et in ora mortis nostrae. Amen.

Orationes ad finem Rosarii dicendæ:

Salve Regina

Salve, Regina, mater misericordiae;
vita dulcendo et spes nostra, salve.
Ad te clamamus, exules, filii Evae.
Ad te suspiramus,
gementes et flentes
in hac lacrimarum valle.
Eia ergo advocata nostra,
illos tuos misericordes oculos
ad nos converte.
Et Iesum,
benedictus fructus ventris tui,
nobis post hoc exsilium ostende.
O clemens, O pía,
o dulcis Virgo María.

Ad te Beate Ioseph (Leo XII)

Ad te beate Ioseph, in tribulatione nostra confugimus, atque, implorato Sponsae tuae sanctissimae auxilio, patrocinium quoque tuum fidenter exposcimus. Per eam, quaesumus quae te cum immaculata Virgine Dei Genetrice coniunxit, caritatem, perque paternum, quo Puerum Iesum amplexus es, amorem, supplices deprecamur, ut ad hereditatem, quam Iesus Christus acquisivit Sanguine suo, benignus respicias, ac necessitatibus nostris tua virtute et ope succurras.

Tuere, o Custos providentissime divinae Familiae, Iesu Christi subolem electam; prohibe a nobis, amantissime Pater, omnem errorum ac corruptelarum luem; propitius nobis, sospitator noster fortissime, in hoc cum potestate tenebrarum certamine e caelo adesto; et sicut olim Puerum Iesum e summo eripuisti vitae discrimine, ita nunc Ecclesiam sanctam Dei ab hostilibus insidiis atque ab omni adversitate defende: nosque singulos perpetuo tege patrocinio, ut ad tui exemplar et ope tua suffulti, sancte vivere, pie emori, sempiternamque in caelis beatitudinem assequi possimus. Amen.

Maria, Mater gratiae,
Mater misericordiae,
tu me ab hoste protege
et hora mortis suscipe

Oratio Fatimæ

O Iesu mi,
dimitte nobis debita nostra,
salva nos ab igne inferni,
perduc in caelum omnes animas,
praesertim eas,
quae misericordiae tuae maxime indigent.

In locis quibusdam: Litaniae Lauretanae

Kyrie, eleison. *Kyrie, eleison.*
Christe, eleison. *Christe, eleison.*
Kyrie, eleison. *Kyrie, eleison.*
Christe, audi nos. *Christe, audi nos.*
Christe, exaudi nos. *Christe, exaudi nos.*
Pater de caelis, Deus, *Miserere nobis.*
Fili, Redemptor mundi, Deus,
Spiritus Sancte, Deus,
Sancta Trinitas, unus Deus,
Sancta Maria, *Ora pro nobis*
Sancta Dei Genitrix,
Sancta Virgo virginum,
Mater Christi,
Mater Ecclesiae,
Mater divinae gratiae,
Mater purissima,
Mater castissima,
Mater inviolata,
Mater intemerata,
Mater amabilis,
Mater admirabilis,
Mater boni consilii,
Mater Creatoris,
Mater Salvatoris,
Virgo prudentissima,
Virgo veneranda,

Virgo praedicanda,
Virgo potens,
Virgo clemens,
Virgo fidelis,
Speculum iustitiae,
Sedes sapientiae,
Causa nostrae laetitiae,
Vas spirituale,
Vas honorabile,
Vas insigne devotionis,
Rosa mystica,
Turris davidica,
Turris eburnea,
Domus aurea,
Foederis arca,
Ianua caeli,
Stella matutina,
Salus infirmorum,
Refugium peccatorum,
Consolatrix afflictorum,
Auxilium christianorum,
Regina Angelorum,
Regina Patriarcharum,
Regina Prophetarum,
Regina Apostolorum,
Regina Martyrum,
Regina Confessorum,
Regina Virginum,
Regina Sanctorum omnium,
Regina sine labe originali concepta,
Regina in caelum assumpta,
Regina sacratissimi Rosarii,
Regina familiae,
Regina pacis,

Agnus Dei, qui tollis peccata mundi, *parce nobis, Domine.*
Agnus Dei, qui tollis peccata mundi, *exaudi nos, Domine.*
Agnus Dei, qui tollis peccata mundi, *miserere nobis.*

V. Ora pro nobis, sancta Dei Genitrix,
R. *Ut digni efficiamur promissionibus Christi.*

Oremus.

Concede nos famulos tuos, quaesumus, Domine Deus, perpetua mentis et corporis sanitate gaudere: et, gloriosa beatae Mariae semper Virginis intercessione, a praesenti liberari tristitia, et aeterna perfrui laetitia. Per Christum Dominum nostrum. Amen.

MISTERIOS GOZOSOS

Tradicional: Lunes y Jueves
Domingos de Adviento y Navidad hasta
Septuagésima.
Nueva: Lunes y Sábado

1º La Encarnación del Verbo en las purísimas entrañas de María Santísima

Fruto de este misterio: La humildad.

2° La Visita de María Santísima a su prima Santa Isabel

Fruto de este misterio: La caridad con el prójimo.

3º El Nacimiento de Nuestro Señor Jesucristo en el portal de Belén

Fruto de este misterio: La pobreza y el desprecio de los bienes terrenales

4º La Purificación de Nuestra Señora y Presentación del Niño Jesús en el templo

Fruto de este misterio: La obediencia..

5° El Niño Jesús perdido y hallado en el templo

Fruto de este misterio: El celo apostólico..

MISTERIOS DOLOROSOS

Tradicional: Martes y Viernes
Domingos de Septuagésima a Cuaresma
Nueva: Martes y Viernes

1º La Oración de Nuestro Señor Jesucristo en el huerto de Getsemaní

Fruto de este misterio: La contrición y .la conformidad con la voluntad de Dios.

2° La flagelación de Nuestro Señor Jesucristo atado a la columna

Fruto de este misterio: La pureza y la mortificación de los sentidos.

3° La coronación de espinas

Fruto de este misterio: La rectitud y la pureza de conciencia

4º Nuestro Señor Jesucristo con la cruz a cuestas

Fruto de este misterio: La paciencia en las tribulaciones.

5° La crucifixión y muerte de Nuestro Señor Jesucristo

Fruto de este misterio: La aceptación de la voluntad divina y agradecimiento por la redención.

MISTERIOS GLORIOSOS

Tradicional: Domingo, Miércoles y Sábado
Domingos de Pascua y tiempo después de
Pentecostés
Nueva: Domingo y Miércoles

1° La resurrección de Nuestro Señor Jesucristo

Fruto de este misterio: La Fe.

2º La Ascensión de Nuestro Señor Jesucristo a los cielos

Fruto de este misterio: La esperanza y el deseo del cielo.

3° La venida del Espíritu Santo sobre los apóstoles y María Santísima

Fruto de este misterio: La caridad y los dones del Espíritu Santo..

4º La Asunción de Nuestra Señora en cuerpo y alma a los cielos

Fruto de este misterio: La gracia de una buena muerte.

5° La coronación de Nuestra Señora

Fruto de este misterio: La verdadera devoción a la Santísima Virgen nuestra madre.

MISTERIOS LUMINOSOS
(optativos el jueves)

1° El Bautismo de Nuestro Señor Jesucristo en el Jordán

Fruto de este misterio: La apertura al Espíritu Santo y vivir nuestro compromiso bautismal.

2° La autorevelación de Nuestro Señor Jesucristo en las bodas de Caná

Fruto de este misterio: La confianza en la intercesión de María.

3º El anuncio del reino de Dios invitando a la conversión

Fruto de este misterio: La gracia del arrepentimiento.

4° La transfiguración de Nuestro Señor Jesucristo en el Tabor

Fruto de este misterio: El deseo de la santidad..

5° La institución de la Eucaristía

Fruto de este misterio: El don de adorar y recibir dignamente la Santa Eucaristía.

ITE AD IOSEPH!

DEVOCIÓN A SAN JOSÉ

La devoción a San José parece haberse originado en el este en algún momento alrededor del siglo IV, particularmente con los coptos en Egipto. Finalmente, la devoción se extendió hacia el occidente en algún momento más tarde, aunque cuando no está claro. La primera Iglesia en el occidente dedicada a San José fue una en Bolonia en 1129. San Bernardo, Santo Tomás de Aquino, Santa Gertrudis y Santa Brigida de Suecia promovieron la devoción a él. Un verdadero florecimiento de la devoción a San José comenzó en el siglo XV, con Sana Teresa de Ávila, culminando con su declaración como patrón de la Iglesia Universal por el Papa Beato Pío IX en 1870. Su fiesta es el 19 de marzo y la fiesta de San José Obrero se celebra el 1° de mayo. San José es el santo patrón de la Iglesia Universal, Carpinteros, familias, padres, contemplativos, y de una Muerte Santa.

Conmemoración de San José

Esta conmemoración se recitó una vez al final de las Vísperas desde el tercer domingo después de la Epifanía hasta el cuarto domingo de Cuaresma; y desde el tercer domingo hasta el último domingo después de Pentecostés inclusive, excepto en Dobles y dentro de Octavas.

Commemoratio Sancti Ioseph

Ecce fidelis servus et prudens, quem constituit Dominus super familiam suam.

V. Gloria et divitiae in domo eius.

R. Et iustitia eius manet in saeculum saeculi.

Oremus

Deus, qui ineffabili providentia beatum Ioseph sanctissimae Genetricis tuae sponsum eligere dignatus es: praesta quaesumus, ut quem protectorem veneramur in terris, intercessorem habere mereamur in caelis. Qui vivis et regnas... Amen.

Memorare o purissime Sponse Virginis Mariae, o dulcis Protector mi, sancte Ioseph, non esse auditum a saeculo, quemquem ad tua implorantem auxilia, tua petentem suffragia, es derelictum. Ego tali animatus confidentia ad te venio, tibique fervide me commendo. Noli, quaeso, o padre paterno Redemptoris, verba mea despicere, sed audi propitius. Amén.

Memento nostri, beate Ioseph

Escrito por San Bernardo de Siena (1380-1444, fiesta del 20 de mayo). La oración aparece al final de sus escritos en la Oficina de Lecturas para la Fiesta de San José (19 de marzo).

Memento nostri, beate Ioseph, et tuae orationis suffragio apud tuum putativum Filium intercede; sed et beatissimam Virginem Sponsam tuam nobis propitiam redde, quae Mater est Eius, qui cum Patre et Spiritu Sancto vivit et regnat per infinita saecula saeculorum. Amen.

O Ioseph, virgo Pater Iesu, purissime Sponse Virginis Mariae, quotidie deprecare pro nobis ipsum Iesum Filium Dei, ut, armis suae gratiae muniti legitime certantes in vita, ab eodem coronemur in morte. Amen.

LETANÍA DE SAN JOSÉ

La letanía de San José fue aprobada para uso público por el papa San Pío X en 1909. Está inspirada en la letanía de Loreto y contiene 21 invocaciones a San José que describen sus virtudes y el papel que desempeñó como padre adoptivo de Jesús. . La letanía está aprobada para uso público y tiene una indulgencia parcial adjunta.

Señor, ten misericordia de nosotros
Cristo, ten misericordia de nosotros.
Señor, ten misericordia de nosotros.
Cristo óyenos.
Cristo escúchanos.
Dios Padre celestial, ten misericordia de nosotros.
Dios Hijo, Redentor del mundo, ten misericordia de nosotros.
Dios Espíritu Santo, ten misericordia de nosotros.
Santa Trinidad, un solo Dios, ten misericordia de nosotros.
Santa María, ruega por nosotros.
San José, ruega por nosotros.
Ilustre descendiente de David, ruega por nosotros.
Luz de los Patriarcas, ruega por nosotros.
Esposo de la Madre de Dios, ruega por nosotros.
Casto guardián de la Virgen, ruega por nosotros.

Padre nutricio del Hijo de Dios, ruega por nosotros.
Celoso defensor de Cristo, ruega por nosotros.
Jefe de la Sagrada Familia, ruega por nosotros.
José, justísimo, ruega por nosotros.
José, castísimo, ruega por nosotros.
José, prudentísimo, ruega por nosotros.
José, valentísimo, ruega por nosotros.
José, fidelísimo, ruega por nosotros.
Espejo de paciencia, ruega por nosotros.
Amante de la pobreza, ruega por nosotros.
Modelo de trabajadores, ruega por nosotros.
Gloria de la vida doméstica, ruega por nosotros.
Custodio de Vírgenes, ruega por nosotros.
Sostén de las familias, ruega por nosotros.
Consuelo de los desgraciados, ruega por nosotros.
Esperanza de los enfermos, ruega por nosotros.
Patrón de los moribundos, ruega por nosotros.
Terror de los demonios, ruega por nosotros.
Protector de la Santa Iglesia, ruega por nosotros.
Cordero de Dios, que quitas los pecados del mundo: perdónanos, Señor.
Cordero de Dios, que quitas los pecados del mundo: escúchanos, Señor,
Cordero de Dios, que quitas los pecados del mundo: ten misericordia de nosotros.
V.- Le estableció señor de su casa.
R.- Y jefe de toda su hacienda.

Oremos: Oh Dios, que en tu inefable providencia, te dignaste elegir a San José por Esposo de tu Santísima Madre: concédenos, te rogamos, que merezcamos tener por intercesor en el cielo al que veneramos como protector en la tierra. Tú que vives y reinas por los siglos de los siglos. Amén

Made in the USA
Las Vegas, NV
10 February 2022